bir' i fllanzës

ia dedikoj nanës sime të shtrejtë

xhabir tabaku

Xhabir Tabaku

Vëllim Poetik

Redaktoi: Zija Vukaj
Kopertina: Ermira Bejleri

Shënime për librin

Para veprave artistike të arrira duket sikur gjykimet dhe analizat janë të panevojshme. Megjithatë, në rastin e këtij vëllimi poetik na duket me vend të nënvizojmë disa aspekte që kanë të bëjnë me veçoritë e një krijuesi tashmë shumë të spikatur dhe thuajse në një stad të epërm të krijimtarisë së tij. Pas një leximi të vëmendshëm të këtyre poezive është e kuptueshme se kemi të bëjmë me një arsenal poetik të një niveli të lartë. Ky produkt artistik vjen në periudhën e një pjekurie estetike dhe akumulimi të madh kulturor e filozofik, duke u bërë pasqyra e një shpirti të thellë e tejet të ndjeshëm dhe e impulseve të fuqishme të frymëzimit. Gjithë vëllimi përshkohet nga një ndjeshmëri e lartë dhe një lirizëm i hollë, nga një gamë e gjerë motivesh dhe një harmoni e brendshme, që kufizon me jonet e një muzike të nxjerrë nga parandërtimet e thellësive të gjuhës. Vargjet janë imazhe dhe struktura poetike është e akorduar me rima të pjesshme apo "të rastësishme", por hera- herës muzikaliteti krijohet edhe me mënyrat e vargëzimit klasik, gjë që flet për një poet me vokacion të njëmendët dhe me një siguri për të kaluar nga simetria prozodike në asimetri; ose për të ndërthurur klasiken me modernen.

Në mozaikun e motiveve të këtij vëllimi shquhen jehonat e vendlindjes; gjithçka është vendosur në teatrin Shkodër. Të gjitha copëzat e jetës së heroit lirik janë kthyer në fanitje, për të prodhuar nektarin poetik si në këtë rast:

rrugicat e Shkodrës

nji burrë vetmuar

rrugicave të Shkodrës shkon rreth me avullija

kush i ndërtoi këta mure të naltë
çka mshehin këto rrethime?

as nata s'i depërton

as dëshira e nji burri, as andrrat e brishta

-në dritaret kafazlije të qytetit tim vajza me gjergjef e lule.

Por brenda jeheve të vendlindjes frymojnë çaste melankolie, si tek poezia "Tulipanë", një eufemizëm i varrit, "Fëminia ime", "Zani jot" apo dhimbja, tragjizmi, fuqia e lartë e përjetimit, zjarri njerëzor i poetit, si tek intermexoja (5), kushtuar mësueses së vdekur. Në temën e dashurisë, krahas lirizmit dhe delikatesës, autori vendos guximshëm edhe grimca të hijshme erosi, që i japin sensualitetin e natyrshëm këtij motivi. Të shpeshta janë çastet e inkarnacionit, që hasen nëpër segmente njësish poetike apo edhe përshkojnë krejt poezi të ndryshme si "Përralla e gjyshes"- peshku nga tulipani- "Heshtje vorresh", "Lulekëmborë" etj. Poeti Xhabir Tabaku është i përveçëm jo vetëm në gdhendjen e vargut, dhënien e imazhit, harmoninë e brendshme tingullore, larminë e motiveve, aromën e vendlindjes; por edhe në aktivizimin e leksikut pasiv, aq i bukur dhe stilematik si: *mrinë, çetinë, fur, bërcak, lila, mokna* etj- si dhe në arketipet që ngjajnë si kordinata artistike. Përveç Shkodrës, shiut, porteve me barka të ndryshkura, kopshtit mbas shpie, viseve të Lindjes (Egjeu, Antalia), interesant është edhe kërmilli, që shpesh jepet si asociacion i impulseve erotike, në formën e një dekrescendoje apo desakralizimi të imazhit njerëzor, deri në neveri, që shpesh të kujton "pecat e ndyta" të Migjenit, ku lindin trashëgimtarët e ardhshëm. Një procedim i veçantë artistik janë intermexot. Vëllimi ka rreth 15 intermexo. Këto poezi shfaqen si digresione artistike, si frymëmarrje të domosdoshme pas çdo tallazi poetik që kulmon në imazhe dhe emocione. Hapësira e tyre është më e gjerë dhe fryma medituese më e thellë. Ky është një lloj sfondi që përshkon gjithë vëllimin. Arsenali i teknikave të vjershërimit është tejet i pasur dhe i larmishëm. Mbresëlënës është përdorimi elegant i rrjedhores gege: *"...muzash t'përvlueme vorfnie/ lulesh t'paprekuna dashnie..."*. Ky përdorim dëshmon karakterin lakonik dhe eliptik të poetit që e përdor fjalën me një ngjeshje maksimale. Ndërsa nga figurat e sintaksës poetike gjejmë përdorimin e hijshëm të epanastrofës:

avull nga goja

- goja plot jarg'

jargë si të kërmillit

kërmillit nën rrasë;

nën rrasë n'breg t'liqenit

liqenit me borë -

borë nate.

i huaj në vendlindje!

Poeti Tabaku ka përdorur dy regjistra gjuhësorë në këtë vëllim poetik: të folurën gege, kryesisht atë të qytetit të tij të lindjes dhe gjuhën standarde. Në rastin e parë poeti e ka përdoror dialektin me një sens mase, plot hijeshi dhe me efikasitet. Në të dyja rastet leksiku është mjaft i pasur dhe poetik.

Zija Vukaj

Zwack Unicum ishte një farmacist hungarez, i cili sajoi një shurup për kollën. Ua jepte të sëmurëve të shëronin kollën, se atje bën bajagi ftohtë, aq sa në malet e Pukës. Njerëzit e pëlqyen aq shumë shijen e këtij shurupi të ëmbël dhe të hidhur sa nisën ta pinin edhe kur nuk vuanin nga kolla. U bë pije shumë popullore me thënë të drejtën. Kur komunistët shtypën në vitin '56 të ashtëquajturin "revolucion hungarez", Unicum-i iku në Zvicërr. E bëri dhe atje pijen e tij prej erzave të malit. Pas rënies së Berlinit bashkëatdhetarët e tij e mbajtën mend dhe e kthyen këtë pije në tokën e tyre. E shesin në një shishe bufalaqe me një kryq të kuq farmacie në mes. Natyrisht, herën e parë që shkela në Budapest u bëra rrumbull me të, ndërsa nuk i qëndroja dot ngasjes së shijes së ëmbël dhe të hidhur njëkohësisht.

U bënë 14 vjet që nuk vë një pikë alkooli në gojë, por Unicum-i më kujtohet sa herë lexoj poezitë e Xhabir Tabakut. Është e njëjta shije. Kur ai vargëzon për nanën e vet që qëndron në qoshen e shtëpisë me Kur'anin në dorë unë këndellem në atë paqe shpërtërore të ëmbël që mban erën e kafes që piqet në hirin e tymarit. Por, e gjithë kjo skenë idilike vishet me skamjen e shtëpisë së largët, e cila hidhërohet edhe më në acarin e dimrit.

Kur ai vargëzon për dashurinë e njomë rrugëve të Londrës gjej zemrën plot, të mbushur me ngazëllimin e asaj ndjenje që jo të tërë kanë privilegjin ta provojnë, por ndërkohë lagështia e shiut që rigon është duke më therrur në asht.

|7

Xhabir Tabakun nuk e kam takuar kurrë, por i lexoj poezinë dhe besa mendoj që e ka fort të bukur, të arrirë, njerëzore dhe të ngulur thellë në rrënjët e tij, të cilat ushqehen në baltën e kësaj toke, nga e cila jemi bërë ne të dy.

Njeriu ishte baltë dhe baltë do të bëhet. Hyji e gatoi, Hyji ka me e marr. Poezia e Xhabirit sipas meje na rrëfen pikërisht këtë; njeriun e baltës.

Kam ca ditë që kam marr vesh që ai do të paraqitet me një vëllim të ri poetik. Mendoj se kjo është një ditë feste për të gjithë ne që dëshirojmë jetën, që ëndërrojmë jetën, që e hidhërojmë jetën.

Enkel Demi - shkrimtar

Poet i ndjenjës së hollë i gjetjes tematike dhe artikullimit Xhabir Tabaku dhe vepra "bir' i fllanzës" me një masë sasiore të imponueshme reflekton filozofi të biografisë së popullit me gërshetim të arritjeve të deritashme poetike dhe identitet gegë duke përmbledhur pasqyrimin e tërë përmes emrit shumë të dashur dhe shumë krenar Shkodra. Madje edhe kur tematika ndërron dhe kur është në pyetje dashuria, ndjesia sociale, ana e imazheve, përceptimet moderne shprehimore... prapë zhari i dashurisë për atdhe është i pranishëm çdo kund sepse thotë poeti në një vend: "jam biri i fllanzës, pra, /dhe lot i shelgut". Janë shumë interesante ndërprerjet e poezive me "intermexot" proza poetike nga 1-15. Është karakteristike përmbajtja e intermexos së parë ku aludimi i marrjes me luftën e dërrasës së zezë tregon nevojën rikapitulluese të identitetit të gjithmbarshëm të qenjës dhe fatit tonë. Do shtuar që rritet ndjesia akoma më shumë nëse do sjellim qoftë edhe vetëm dy vargje të fundit të intermexos 8...

-ku ishe? (kur të pyesin) ...

-ku di!... në mal për kang,' për shega t'egra, me një djalë.

Por është karakteristike që libri mbyllet me intemrexon e 15 së kthyeri te profili ekstra shpirtëror i individit, strumbullari i kohës moderne, i vendit modern dhe i ëndërrave tona.

Zade Kuqi - krijuese Prishtinë

...Nuk mendohet të ketë dhimbje më të lehtë dhe më të pranueshme sesa dhimbja që përçohet nga poezia e arrirë, kjo për vetë faktin se poeti, si një "prind" i mirë kujdeset që krijesat e tij, pra poezia të mos jetë një gur mbi ekzistencën e rëndë ku qenia përpëlitet. Poezia duhet të jetë melhem për shpirtrat, e trandje për mendjet që shpresojnë sado pak se brenda fjalës poetike, dhe artit të madh të gjendet një fill i hollë që e laton efektin e drejtpërdrejtë mbi ta. E tillë është poezia e Xhabir Tabakut. Një ftesë drejt një udhëtimi të gjatë të mbushur me mirazhe e përjetime. Brengat, pengjet, harresa, humbjet, ikjet, braktisjet janë ujëzat që mbushin lumin e rrëmbyeshëm të frymëzimit të Xhabirit, e mandej janë metaforat, krahasimet, latimet e kthinat e tij lojcake që vendosen një mbi një si nji pritë e domosdoshme dhe ndjellesë mes tij dhe lexuesit. Një poet i mirë e trajton të vërtetën si simbol dhe i shkon asaj në ashtë me çdo kosto. Një poet i mirë e dashuron lexuesin e tij. I tillë është dhe poeti, Xhabir Tabaku...

Liridon Mulaj - shkrimtar

...Poezia e befasisë dhe suprizës e kam quajtur poezinë e Xhabir Tabakut në librin e tij të parë me poezi "Gri". Të futesh në vargjet e poezisë së tij, është si të futesh në një labirinth me shumë kthesa e shumë të papritura. Kthesa më e fortë është zakonisht në dy vargjet e fundit të poezisë. Pikërisht në ato vargje hapen para lexuesit dilemat e qënies njerëzore i gjithë rrugëtimi i së cilës kalon nëpërmjet udhëkryqeve.

Ndonësë vargjet janë të fortë dhe kane fizionomi maskuline, ato mbajnë gjithashtu një lloj butësie dhe ngrohtësie brënda.

Malli në të gjitha dimensioned e tij, është element i pranishëm në shumë poezi të Xhabirit, së bashku me elementet e natyrës.

E shprehur me një gjuhë krejt unike, ndjesia e rrebelimit dhe protestës e ndeshur në shumë nga poezitë e tij shkallëzohet butësisht, kur poeti shkruan për vendlindjen, mallit dhe kujtimit të së cilës i kushton një pjesë të madhe të krijimtarisë së tij.

Poezia e Xhabirit është unike dhe e pangjashme me poetë të ditëve tona. Nuk ke nevojë të lexosh emrin e autorit në fund të poezisë për të kuptuar se kush e ka shkruar...

Merita Paparisto - poete

...Poezitë e Tabakut, në "bir' i fllanzës" të pasura me forma, figura, e leksik të bollshëm e të këndshëm, të cilin më së shumti autori e vjel nga areali gegë.

Shkodra, Buna, Shqipnija, gjyshja, gjyshi dhe copëza fotografish nga kujtesa e poetit, përbëjnë at laryshinë motivore e tematike. Vargu vishet me një florë e faunë të pasur, shpesh në funksion të figurave stilistike (metaforës, personifikimit e metonimisë – për aq sa e duron vargu, etj), ose thjesht për të ndërtuar një imazh poetik interesant e nostalgjik. Në lexim të parë, gjuha të vjen e thjeshtë, jo shumë e ngarkuar me figura, por që pashmangshëm ofron një panoramë të pasur. Por duke përshkruar elementet e panoramës, vargu bëhet dinamik. Andaj poezitë sikur janë sekuenca të shkëputura nga filma, çaste ekzaltimi a akte dramatike që ofron loja e personazheve...

Imer Topanica - shkrimtar

Ndalem shpesh tek poezitë e Xhabir Tabakut, përherë me risi, poezitë e tij nganjëherë më ngjajnë me rrjedhën e Bunës -herë e vrullshme e herë e qetë, por një lumë që të fal një ndjesi qetësie, paqe. Poezitë e tij janë copëza shpirti, brenga malli, mall për vendin. Shpejt mbas vëllimit poetik "Gri" ai vjen para nesh me "bir' i fllanzës". Me një subjekt që më tërheq. Unë nuk i quaj thjeshtë poezi, i quej copëza shpirti, sepse poezia asht ajo gjendja e padukshme e njeriut, loti i tij, malli, instrumenti që ja luen notat e mallit. Nëse një ditë do të jem larg Shkodrës, kam me lexue vetëm poezitë e Xhabirit, sepse aty asht Shkodra...

Arjola Zadrima - poete

...Mbas vëllimit poetik "Gri", Xhabir Tabaku vjen rishtas me një vëllim tjetër "bir' i fllanzës". Me atë leksik të ëmbël geg, një pasuri kulturale që shqipja mund të mburret. Ashtu sikur lumturohet edhe ky autor kur thotë plot gaz, "ma kush s'më ndal / e shkruej si due vet'/ se Zoti ma ka fal/ për mu' me vajz' e djal".

Qasje kaq e ëmbël, po aq edhe elegante karshi shqipes e dialekteve të saj. Një hapje epike me legjëndën e gruas së murosur, deri tek poezia e çlirët e prozave sintezë. E tashmja është virtuale, me dhimbjen që lë një tërmet, me mallin që lë një ikje. Ike në shtator, pa u pjekë shegat akoma? Një qerthull që bash aty të risjell, me ëndrra tek Shkodra, bash tek stoli prapa shtëpisë. Tek fëmijëria fushave të Bunës. Edhe pse plot lirizëm Shkodra me liqenin tërthor ka një paraqitje epike mes vendosjes së asaj pamje sysh ku lopatat e një varke të shpalosen si flatra. Në përgjithësi poezia e Xhabirit është liria e tij e të ekzistuarit, por unë do dalloja edhe për një liri tjetër, atë të besimit. Kanë dritë vaktet e agjerimit aq sa, pikërisht në atë realitetin e lodhur, poezia e besimi ecin dorë për dore. Njeriu beson për të shplodhur shpirtin, jo për të ndyer duart. Një qasje e lartuar që plotëson poezinë shqipe në përgjithësi...

Ilir Levonja - shkrimtar

bir' i fllanzës

u ça toka - u ba lehonë,
leva unë; - prej rranjëve të nji gruaje të
murosun.
u rrita rrugëve me pluhun t'qytetit të lashtë,
bri ujnash...

u m'kova me tambël t'gjinit të dy mjellmave;
mjellmës në mes të liqenit,
e mjellmës në gem të shelgut.

ajo e shelgut ishte f'llanzë.
-jam biri i f'llanzës pra,
dhe lot i shelgut.

...rrugave të botës.

gegnisht

... e na jetima t'lanë m' jen' an'
si t'njerkës na - e tjer't me nan'
mos! na thanë mbasi na vran'
gjuhën tuej keni m'e harrue
ja se berr me mbetun
polic' xhandar' t'marrue

e tash, ma kush s'më ndal'
e shkruej si due vet'
se Zoti ma ka fal,
për mu', me vajz' e djal'

aromë Shqipnije

brigjet e përroit poshtë moknës
mblue me gjethe të verdha tetori
një tuf' dhish e cjapi me kumbonë;
aromë vendlindjeje

pranë votrës së oxhakut cungje lisi
po vjen dimni, -dimën Shqipnije,
aromë groshë... - dashni shpije.

yjet më flasin m'gjuhën t'eme,
hana më vështron tek andërroj

-këndo pupëza ime
mbi gem' të qershis'!

andërr gastare

jam nata në terrin e së cilës je mshehun
çarçaf' i bardhë fytyrë e zbehun
syni që shef
buza që puth
oh! - ti je i dehun
jam pupëza yte
që deshte ma s'pari
ja t'puth' në buz'
të puth në sy
ja puthmë ti
u dogja zhari

- jam andrra ime në andrrën tande.

psychosis

vransina e terri që bie
mbi dhe'
nëntoka mbi krye
dy ofshama;
nata sjell'
dy gjama.
përqafje t'thukta janë harrue,
pemët shkunden' prarue,
fluturon 'i harabel.
rrugët zanë e harkohen,
përthyhen, kryq'zohen
dhimba t'i merr mendt,
të ushton kryet prore
dhelpna prej derës së ahrit del
me 'i këlysh për dore.

mos v'rej për ka i del territ ama!
futu n' sh'pi!
jashtë a ftof't, mos ngrij!
nji bajë të nxeht' vrik-vrik
e mb'shtillu ndër pizhama.

romancë asht nji copë letër e bardh'
shkrue me lila, tulipana
nji nat' gozhdue n'puthje t'gjata
mëngjesi sa pa ardh'.

bij' e hanës

dielli i mesditës voku sytë e tu
lëkurën ta zeshku, fjollë moj për mu
-buzëqeshja jote; dhe e kuqja e diellit.

ti je ba prej hane, e dritës mavi
kuqja buzës tande; qershi e bojli'
-dielli sall lajthiti; ti je bij' e hanës

hana e mesnatës ndriti sytë e tu
flokët t'i lau n'ar, dhambët qelibar
-deti i syve 'tu, e drita e hanës

ti je ba prej dielli e qelqi smerald
lëkura e zeshkët, syt' blu anormal
hana veç lajthiti e t'tha bija ime

-ti je bij e hanës
dashnore e diellit

përralla e gjyshes

ishte një herë një tulipan,
me patate e mbillte gjyshja në dimër.

shiu që binte në Shkodër
ia derdhte rrënjët në lumë,
lumi në det.

lindi mandej një peshk ngjyrë tulipani;
e mbolla me motrën time në akuarium.

qante gjyshja për tulipanin...

nuk e pranonte ri'inkarnimin gjyshja ime;
ishte myslimane - peshkun çdo ditë e
ushqente me ngjyra tulipani,
dhe falte pesë vakte.

intermexo (1)

do e vari në mur. te garazhi, në atë murin me suva të rjepun. në murin plot lagështinë e mbushë n'bira që vrrasin së ftohtit. do e gozhdoj në katër vënde, me katër gozhda, në të katër qoshet. s'due me ma luejt kush-s'due me ma prek kush! ashtu e terun, e zbehtë, por prap e zezë, ka me ndejë aty e varun dhe e gozhdueme paq. do të mbledhi një mijë shkumësa, fshirëse dërrase dhe shkruaj- fshij e shkruaj- fshij, deri t'bi copë. do i shkruaj të gjitha të zezat n'atë dërrasë. tanë ligësitë kam me i vue me shkrim. do i nxij edhe ma shumë, se kam me i shkrue me shkumës të zi, mbi dërrasë të zezë. a merr vesht tash sa i zi jam? do shkruej prej në t'majtë në të djathtë e do shkruej nga e djathta në të majtë, ashtu mbar e mbrapsht. hebraisht a arabisht. ti e din se vij prej nji planetit tjetër e? -herë me të majtën kam me shkrue e herë me të djathtën; -kur t'më bijnë krahët në tokë kam me vazhdue me shkrue me mend. do ulem në nji bankë shkolle që e pata ble te vjetërsinat. mu përballë dërasës së zezë do t'ulem, dhe pa u ndal, do shkruaj me mend. kur të më lodhet mendja, prap kam me vazhdue me shkrue.

tashma pa mend. pa mend, kam me shkrue
poezi që kurr s'dijta me t'i shkrue ma parë. kam
me shkrue si di e si s'di. për vedi e për ty. po
po, për ty. për ty biles ma shum kam me
shkrue dhe gjatë e gjatë... kam me shkrue për
krejt jetën tande. kam me të pëshkrue ma mirë se ti
vedin; e ke me u çuditë sa mirë. e kur të më lodhet
"pamendja", kam me u ul te pragu i derës. kam me
t'pritë e me t'pritë e me t'pritë
deri kur të vish. pa të përshëndetë kam me të
thanë se të urrej me shpirt. e ti, ti ke me
qesh si e marrë, ke me qesh me lot e ke me
kërcye përpjetë si vajzë e vogël. unë kam me
ba çudë n'ty e kam me kujtue se ke luejt... por
ti, ti ke me vu duert në krye n'ledhati e ke me
thanë me za të ambël e sy të ndritshëm tue
përshpëritë: - marroq! - kur the se m'urren me
shpirt, të pat folë "pamendja". mandej të dy,
me mend e pa mend, kena me ja hjekë krejt
gozhdat dërrasës së zezë, me e shtrue përtokë
dhe me e shkarravitë pa ja nda. me e
shkarravitë fort. pa kriter, pa dhimbë.

13 tetuer 1911

n'mundime t'gjata t'poetit
të tretun
muzash t'përvlueme vorfnije
lulesh t'paprekuna dashnije
gdhendun n'balada t'qytetit
nji pllakë të ftoftë t'mbërthyem ndër gozhda
ku leve
rrugëve të botës ligsina t'këputi
n'vendin tand i dekun ktheve

hija e poetit vërtitet qytetit
mbulue n'vorfni

dil vorrit! - këndoja kangët e pakëndueme
qytetit tand,
mbuloje me 'i rras t'ftoftë,
plasu mbas murgeshës
dyerve të Rozafatit,
ndjeke n'qiellna fatit!

-dhe vdis përs'ri!

livadheve

natë e paqtë,
dritat e hanës dhe yjve

nalt qiellit sterr'
i shtrihen vel livadheve...

mbet varun zemra, n'gem
t'nji shelgu breg uji

kangët e lundërtarëve më grishin
kangë malli, rinije

aroma e sherbelës malit,
liqeni përposhtë, shelgjeve nën hije.

andrra e marr'

mos shih për andrra ma të bukura
mundohu me u zgjue
andrrat janë t'pamujtuna si flutura
dy herë që me i shique.
andrrat e bukura janë pëllumba
nymfa e lila t' bardh'.

- merr, më merr në Shkodër
ti andërr e marr'!

tërmet 19

dimër i egër i afrohet vendit tim
po shemben stuhitë mbi kërthinj
nën rrënoja përpëliten shpirtëra fëmijësh
akoma gjallë...
Vuku, Kosta, Andrea, Hamiti, Majkëlli...
dhe Shyqyriu i varfër vendas, krahpërkrah...
ngasin mbas jetëve që shuhen,

do tjerë refuzojnë...

nëntoka përthith fëmijët tanë,
krimi vetë, televizionesh;
veshur me shallvare, buzkuq.

të harroj në zemër

më erdhe ndërmend,
m'u fure në gjoks - në rranzë
të shpirtit vyshkun malli
e derdhe lot.
lot të njelmët
thellësi' e natës së detit.

-nganjëherë, të harroj në zemër e
s'kujtohem.

nëse vjen

eja ti kujtim i mjegullt! mangut
që më ke lan' ka mote t'gjata...
në portin tonë të pres;
të pres pa ngut, deri t'bie nata.
e ndër vela mb'shtjellë lastaresh
lazdrue si vajz' baresh
m'a ban me dor' prej larg!
dhe betohu që nuk tallesh!

nëse vjen mallin m'e shue,
si dikur që s'kemi rreshtun
shum' koh' po kan kalue
e na të dy kem' heshtun.

nëse ti vjen pa u err' nata,
nji kang' kam me t'a k'ndue
nji po, prej kang've t'gjata
n'se ti, s'e ke harrue.

vjeshtë e trishtë

kanë ikur dallëndyshet.

gruaja e ndrojtur
flut'ron me terrin e natës,
puthet me sytë e qiellit,
pret bri përroit me gjethet e
vjeshtës mbi sy.
shpirti birret diku larg,
trishtim!
një grua e një burrë larg njëri-tjetrit

-bjer o borë e parë, mbulona!

intermexo (2)

i fshiu të gjitha poezitë, të gjithë shënimet
ndër copa letrash gjithandej odës së librave,
dhe i hodhi në kosh. fshiu kujtesën e
kompjuterit, kujtesën e vet, u shndërrua në
libër e u rendit në raft bri librave të tjerë. aty
shijoi vdekjen tek ia preknin gishtërinj të hollë
delikatë... gishtërinjtë e butë e zhbënë si libër
-mbet veç një fletë poezi; në gjoksin e një gruaje
palosur.

kunora

... dy vetë, nji burrë e nji grua
 dy shelgje bri Drinit
nji kangë,
dy strofa,
soneti
oktavë të parat-
sesteti.
ikin, ikin zhduken
rilinden njeti
përqafen
hidhen në lumë
prap vdesin, doradorë-
kunor' me luleborë.

n'nji natë me shi, karvanet ndal;
burri qet pushk' n'ajri':
-jena shtue me djal!

dhe prap me doradorë,
kunorat luleborë.

biri i çetinës

më mjafton liria,
s'e kam nijet m'e ndërrue
me ditët e verës,
as borën e dimnit,
a aromën e lules t'blinit.
veç pak për portat e hapuna
t'liqenit,
e jeshilin e ujit t'Bunës-
na bijtë e çetinave!

-prit laureshë m'nji mrin' n'breg' t'Kirit
bashk' ta shalojm' zallin!

mbas mesnate

bisedat e mbas mesnatës
lanë hije saora,
vrraga der' n'mëngjesin e ftoftë
m'nji kand t'oborrit-lulebora.
do rrimë një ditë të zymtë bashkë ashtu;
mbi një "livadh nudo",

t'i ndukim kohët e hershme malli-
puthje shiu të derdhim syve

bisedat e mbasmesnatës lanë njolla;
kërminj livadheve...

falma pranverën!

çdo vjetë ka katër stinë
nga nji pranverë secila,
janë do vite, veç me pranvera...
falma njërën! - ta mbulojmë me puthje
saora,
msheht', ndër lulebora.

dëbora e parë

m'i jep duart e bardha, të vogla,
të ngrohta, e një buzëqeshje!
një shikim me sytë që ndrijnë
nën xhama, pas xhamash
të dyfishtë...
mos e pi shpejt kafenë, mos!
më duket si alarm' i telefonit
orëve të para pas mesnatës,
orëve para ekranit blu - ngut;
a shkarravinave mbi letra
të pashkruara.
kërminj largohen drejtimesh të kundërt
në botën e territ,
lënë pas jargë të ëmbla e ftesa n'ajri'.
bota e panjohur vdes
nën borën e parë...

një natë vetmi i mjafton burrit
tek sodit qytetin e panjohur;
qielli që vjell borë e dyshime
mendueshëm...

tulipanë

shtëpia jote
asht e vogël si kolibe
e ngushtë sa me zor të zen.
asht e ftohtë,
e lagësht si guacka e kërmillit
që lëshon spermën barit të lagësht
varrezave kah shkon...
po vë mbi pllakë
një tufë me tulipanë mavi.
një lutje...
e di se nuk ia ndërrojnë pamjen
shtëpisë tande prej graniti të zi -
e di.

intermexo (3)

... ka andërruar murgeshën - më thanë për ty, tek "kanga skandaloze", mëkat, poet pervers dhe amoral. më ra ndërmend një muzeum artesh në New York, në një pavion me piktura të hershme ku cicerone ishte një murgeshë. ishte e diplomuar në arte sigurisht, dhe ndonëse përballë kishte injorancën time, ajo dukej qartë se kishte ekspertizë. kur fliste për pikturat e autorët e tyre, dukej sikur fluturonte mbrapsht në kohë e fliste njëkohësisht me ta e me ne të pranishmit në galeri. dukej nganjëherë edhe sikur udhëtonte në ardhmëri, kaq moderne e abstrakte i kishte përqasjet. ishte diku në të katërdhjetat. e bukur e hollë dhe sytë e mëdhenj të zi i jepnin pamje të trishtë, melankolike... më joshi murgesha. atë ditë në New York tek e shihja me dëshirë atë njeri të bukur edhe unë shkova mbrapsht në kohë (njifarë rezonance) dhe të mendova ty e kangën tande skandaloze. do perversitete më pelqejnë, më ke pëlqyer përherë ti, kanga yte skandaloze edhe murgesha yte. më pëlqeu edhe murgesha e arteve të bukura në New York. skandaloze? ndoshta romantike, melodioze...

bota jonë

... e bota jonë do ndërroj',
kafaz eshtrash për shtroj',
qiellin me re ngarkuar - ploj'
e mallin amshim
muzeve do jetojm'
raftave me xhama pluhnojm'
vetveten do mallkojm'
e botën në rënkim.

bota do digjet' natën flakë
ne qeshim si të marrë.

rrugëve të qytetit përdore kanë dal'
një burrë amoral;
një grua e përdal'.

dëshirë e vagët

...ka hesht' në terr e shiun e marr'
nata s'asht ma - nat' e përdal'!
kohët kah flisnim i mbytëm me fjal'
mëkuam heshtjen

netët s'janë ma, as ditët-u ndamë
ikëm kaheve të kundërt,
lamtumir' nuk tham'
ditët i errëm, netët muranë

bashk' - bashk' i vram'

syt' e tu të turbullt tashma kujtim i largët
dëshira im' n'se vdekë nuk ka;
dëshirë e vagët

brigjeve të egjeut

më mësove gjithçka, më mësove,
pastaj ike e lodhur rrugëve
drejt aromave t'ujrave njelm nga kripa.
rrënjët hedhur e rrënjët shkulur
dhe mësova të lëshoj rrënjë të tjera
t'i shkul pa dënesë siç bëre ti detit,
detit që i shkova, oqeaneve që lipa.

fundin e zi ujrave nuk ua pashë, nuk'
kisha frikë, frikë kisha mos qe zhduk'.

u druhem nimfave, u frikem,
brigjeve t'Egjeut –
lundroj ngadal' der' t'fikem.

vdisni

sa do doja, sa do doja me ju pa,
të varur n'oxhaqet e shtëpive tuaja
hajnije të ndërtuara bregdetit përgjatë.
me gjak të lyera, kuq, si i kuqi i buzëve të
kurvave tuaja dyshekët e tjerve
që ngrohë kan' ma parë.
sa do doja-sa do doja pa shpirt të isha,
njerëzit tuaj ti shihja nën rrota makinash
benz a rolls roice,
me paratë e ilaçeve kallp q'i bletë
dhe pleqve e fëmijëve tanë ua futët në vena...
ju bijt e plebejve të djeshëm partizan'
që sytë e vllaut nxorët, fëmijët e tij i mbytët
me farmak.
vdisni!
oh! sa do doja që llav' e vullkanit t'u
përvëlonte -
gojët tuaja të fëlliqta fjalë të mos nxirrnin ma,
e ligjet tuaja t'mos grisnin jetët e kërthive
fukara.

kriminelë - komunistë
të pa udhë -o të mallkuar!
Parisit-Romës-Berlinit tërthor duke i ra
me paratë e përgjakura në dorë
lumturinë duke kërkuar...
ju komsomolas, kolkozianë
sa do doja, ah! - sa do doja
të mos kishit ekzistuar.
-ADN-në etnike bashkë të mos e ndanim.

t

fliste e fliste gjerë e gjatë
për ditët e grijta, të ftohta.
...dhe që qante tek shkonte rrugës.
njerëzia e merrnin për të çmendur,
për të mangët dhe lotët nuk ia shihnin,
as buzëqeshjen e verdhë ndër buzë
as këngën e trishtë që thërriste t'madhe
të shurdhuarit nuk ia dëgjonin.
as çjerrjen, as afshin e mallin që puthte me
za.

vetmia,
vetmia e ankthi miq i ishin ba.

intimitet

herën e parë, më kujtohet
kur ramë malit poshtë
n'breg t'liqenit...

mandej u zhytëm
në ujin e ftohtë të prillit
(ishte ditë e vranët).
një plak na pau të zhveshur -
të turpëruar... - na fal!
i thamë plakut duke u mbuluar.

pse?
foli plaku ngadalë:
-jam i verbër.
unë nuk shoh me sy,
vetëm blu'j me mend
por nuk flas me kend...

intermexo (4)

unë jam prej një qyteti ndërtuar në rrafsh. në fillim ishte në mal, rreth një kalaje... mali polli qytetin modern, në fushë. vi prej një qyteti me liqen. liqeni u barrësua me shira shumë dhe polli një lumë. ne të gjithë e deshtëm foshnjën lumë dhe e ndalëm lindjen. nuk e ndalëm, por e mbajtëm. e donim lumin përherë foshnjor. e donim liqenin përherë pjellor-pra të pillte pa ndalë. atbotë e sot, liqeni pjell lumin përditë. lumi merr rrugën fushave e bie në det. deti e shtrëngon në gji dhe e do për vete. sa më shumë e tërheq deti lumin, më shumë lumë pjell liqeni. unë vi prej nji qyteti me nji mal të thatë. mali i thatë i rri liqenit përbri si burrë hijerëndë. vetëm me sherbelë praruar.
mbas këtij mal perëndon dielli. dielli i madh. i madh ngjyruar portokall. poshtë malit, në breg të liqenit, ankorohen varkat...
kur zë muzgu, ndizen dritat e minareve të qytetit. dritat e qytetit të minareve. tek lumi rrjedh ngadalë, muezini thërret ezanin. është aksham në qytetin tim. vakt iftari, vakt namazi. qyteti im është namazgja... njerëzit e qytetit tim këndojnë taravi...

in memoriam

ti nuk ke vdekur!
-veç i mban sytë mbyllur,
e në qetësi sheh botën e errët.
nuk ke vdekur!
-je duke fjetur në shtrat,
në shtrat prej hekurash.
e ndjej aromën tënde
shpërndarë tunelesh
edhe klithmën ta ndigjoj,
nëntokës me virrma.

pse ike në shtator
pa u pjekë shegat akoma?

kur të rimishërohesh, mos haj' si më parë,
-eja si anije me vela! -mbi Bunë.

dashnorja e shiut

... si flutur mbas andrrash birret,
netëve të gjata tretet,
me andrra mbështillet,
me vedi trishtet.
ditëve të vranta, anës,
rimon poezitë e natës,
puth piklat e shiut,
ndërton kalanë e ranës;
i thrret qiellit:

-pse më linde n'andërr?

jam bija e detit; -dashnore e shiut
dhe e nji burri të marr'.
due me i shky' çarçafët e bardhë,
me e mbulue mëkatin-mëkatin që e due,
sa trupin t'em zbulue.

zheg

shkon rrugëve me pluhun
mundimesh këputun
ndalon në nji livadh me
prrue;
pin ujë e laget
xhaketën var n'nji gem
e flen' freskue
andrra të bukura shef në zheg,
zabele, zogj, cicërima,
vajza të lehta, t'lehta gjeth,
flut'ra flut'rue

lamtumirë

këmbët zhargë-zhargë i hoqi e
u bë erë,
u pa në pasqyrë: verdh dyllë,
humbjen ndjeu në gjoks thellë
nuk ka dritë në mullirin e errët
ku truri bluan vetveten

hëna ndrit larg, nji fushë të gjërë
rrobat e bardha të nusërisë varur në degë,
mbi shkurre varresh

dëshira mban frymën mbërthyer në frikë
mbi buzë, shija e puthjes së ëndërruar

të pres

... në kopshtin tim pas shtëpie
është një stol druri për ne të dy,
e plot lulevjollca të vona, nën hije,
poshtë pemës së lartë të shtrihemi,
të lozim si dy fëmijë të rritur.
të qeshemi me botën; - të tallemi.

pa rënë mbrëmja dy fjalë t'i ndërrojmë,
në heshtje të shihemi gjatë në sy,
të flejmë mbi lulekëmborat.

dy gra

ulur mbi stol në një lulishte,
dy gra më shkuan pran'
njëra e bukur si drita ishte
tjetra sikur djal.
flokët ua merrte era,
tek ikin ngadalë...

kthehen kapur gishtash,
në heshtje, pa fjalë.
njëra e bukur si drita ishte
tjetra sikur djalë.

hana t'verdha

ti je larg - unë jam në nji largësi tjetër
si dy anët e nji ure të thyeme në mes,
si dy sy që s'shohin njêni-tjetrin
dy zogj bore ngrim' n'vetmi.
vetmitë s'bzajnë! - në heshtje
vdesin, porsi dy hana t'verdha.

intermexo (5)

*... lodhur nga rruga e gjatë më këmbë. asfalti
qe i nxehtë... askush rrugëve të shkreta të
gushtit 1988. ndoshta kurrkush s'e kujton atë
gusht të zjarrtë, të zi e të verdhë; luledielli.
kur kapi shtëpinë ishte i rraskapitur, goja
shkrumb. i vinte gjumë - ra i vdekur. një grua
e vetmuar kish ndërruar jetë, dhe krejt
mahalla po e përcillte. ndjeu ngushtim në fyt.
ankth. sytë iu zgurdulluan, të kuq e të zbehtë
njëherësh. fytyra e verdhë, e gjelbër, lajmërim
vdekjeje. ashtu me brekë të bardha deri më
gju dhe sipër zhveshur, kockë e lëkurë, i doli
para karvanit dhe u kërkoi ta ulnin arkivolin
përdhe...
-ikni! shkoni në shtëpitë tuaja... gruaja do
varroset natën. ju jeni të çmendur. bij të
boshit, pse e varrosni ditën? hiqmuni sysh!
gruaja është e imja, dhe e varros vetë. natën.
jam biri natës, mik i gruas. para se ta varros,
do e hap arkivolin e do ia ngrej kapakët e
syve. kjo grua, ishte e dashura ime, e varros si
dua vetë. ajo qau një javë për mua kur më
burgosën. do ia hap kapakët e syve - do ia
hap. t'ia shoh sytë e tharë. sytë e të vdekurit
hapen natën.*

nata, hëna e ngjyra gri. do ia puth një herë
sytë që qanë për mua, pastaj do e mbuloj
ngadalë me dhe, me duart e mia, e do qaj.
dua të jem vetëm. të gjithë heshtën dhe ikën
ngadalë. mësuesja e vdekur, nxënësi që e
donte, e nata që i lidhte. nata qe e gjatë... e
qetë, e zezë, si liqen frike...

fëminia ime

(la dedikoj babës tim, burrit që më besoi gjithmonë,
symbyllë.
nanës time, gruas së vlerë, që më desht pa kushte,
përherë).

fëmini e ashpër
fushave të Bunës
rrjedhave të Drinit
zallishtave të Kirit...

e egër fëminia ime
gurishtave të Pukës
fushave të thata luledielli Zadrimës...
korja e bukës

e ngrohtë oh! - sa e ngrohtë
f'minia ime,
n'minder pranë shporetit
baba thyen arra, pjek gështenja
nana kryet më fërkon-
poezi më m'kon.
nana ime lumja!
e mjegullta fëminia ime
ti je terri mes yjesh
e drita që u 'ep
fëminia ime trisht';
e ambël, e brisht'...

büyükada

biseda me ty asht joshëse.
të çon vendeve të panjoftuna,
qosheve të errëta, të ngrohta.
shoqënia me ty asht smerald
si ngjyra e andrrave të tua,
si hapsina ndërmjet frymëmarrjeve
të gruas n'dashni.
asht aromatike, romantike
si mbramja vonë
në molon e një porti
ku një grua pret dashnorin
nën dritën e hanës.
diçka harruam t'i thonim njeni-tjetrit
kur u ndamë.

në ajër mbet; -pa u thanë.

një ditë, do shkojmë bashkë në Büyükada,
tërthorë ishullit m'kambë me i ra
e bregut të detit përgjatë,
zhveshur...

-do t'i puth sytë më parë!...

rrugicat e shkodrës

nji burrë vetmuar
rrugicave të Shkodrës shkon
rreth me avullija

kush i ndërtoi këta mure të naltë
çka mshehin këto rrethime?

as nata s'i depërton
as dëshira e nji burri, as andrrat e brishta

-në dritaret kafazlije të qytetit tim
vajza me gjergjef e lule.

smerald

oh, grua e bukur
portret ideal
largohesh afrohesh
buzëqesh ngrysesh
dhe s'thua më fal

po vjen vjeshta
po vjen
kohë për shtegtime
fluturo dhe ti
eja- eja, tek streha ime
të t'i shoh sytë smerald!

zj. y

ajo ishte e palumtur
ndjehej përdite më e izoluar-
ankth.
hiqej përditë -
ushqehej keq e pinte venë.
nuk punonte...
merrte telajot, brushat, bojrat e
dilte jashtë qytetit.
e donte vransirën,
këndonte në mes të sheshit
këngë të trishta shiu -
lagej deri nën lëkurë.
librat nuk i donte më
as muzikën...
theu pianon një javë para,
dogji makinën,
mori nje shishe venë,
një aparat fotografik
u largua.

-u dej me venë,
u hodh mbi shina të trenit...

mbas, la trishtimin e një film me fotografi.
vetëm qiellin gri kishte fotografuar -
asgjë tjetër.

ndoshta vetëm qielli e joshte;
ndoshta për në qiell qe nisur
atë ditë kobi.

net të pista

netët me palavra s'kalojnë-
të mërzitshme,
-kohë klikimesh
kohë ekspres.
netëve u lypet paqe
e qetësi,
a diçka që trazon mendësitë poshtë belit e
fluturat në panik shpërndan.
netët janë për sarahoshë e kurva.
tjerët lexojnë Camus,
përkthejnë Pushkin
a shohin porno...
netët janë për hipokritët
që shkërdhejnë ç'u del para.
- mirëmëngjes!
- kjo është Eva
dashnorja ime.
- ky asht zotni X.
-a kuptohemi tash?
dita,
asht ajo që ndan kodoshët
nga kurvat e sarahoshët.
carpe diem!

intermexo (6)

ikin dallëndyshet dimërore drejt veriut në
kërkim të vendeve të ftohta ku njerëzia jetojnë
n'harmoni me veten e me zogjt, që
herë vijnë e herë shkojnë. ikin, por do kthehen
prap në foletë e tyre të ngritura nga
dallëndyshet verore që lshohen në drejtim të
jugut në kërkim të vendeve të ngrohta ku
njerëzia jetojnë n'harmoni me veten e me
zogjtë që herë shkojnë e herë vijnë. disa
mbesin rrugëve. as në jug as në veri...
mërgimtarë.

nilgün

nga larg në det
mendoj moskthimin në breg.
udhëtimi i fundit duhet të jetë mbi ujë
ose fluturim thellësive të errëta.
dielli më josh
dhe hija e pemëve
në plantacionet prej rëre
brigjeve të Mesdheut
më fton.
mirazh i tejdukshëm...
hije e bardhë gruaje
mbaje hapin!
ndalu e fol! -a je ti Nilgün!
në Bebek jemi?
a në Marmaris!

-hiqe shaminë e teshat e bardha Nilgün!
eja eja! -edhe mirazh po të jesh.

-më ka marrë malli për ty Nilgün
për netët tona të Stambollit.

mos fol

mos fol për dashurinë, mos
fol për dhimbjet e brinjëve
për menstruacionet, fol
për marihuanën
për shtratin e pistë të motelit
mos fol për dashurinë!
-por për thikat e mprehta,
për shpatën varur në mur
mbas televizorit
dhe për shishen e thyer të uiskit.
më thuaj!
-pse qeshe si e marrë
kur të thanë kurvë,
të rrahën,
të kaluan dorë më dorë, të fëlliqën?
pse s'ngave?

mos qaj

nga dritarja e pasme e shtëpisë
që sheh mbi kopshtin plot shkurre e
shpend pa zot,
shoh horizontin e përflakun diellit
e hijen tande të tejgjatë tek largohet avash
drejt boshit.
kështu qenka;
disa largohen me ngadalë,
të pikëlluar
e do tjerë hyjnë pa u kuptue
vrik në jetën tonë
e ikin prap.
mos qaj deri të jesh larguar!
-nuk i dua lotët,
vetëm më pëlqen kur e ndjej që derdhen diku
tek dhe njelmin gjoksin.
në të raftë mall
mos u ligështo! - veç futi pëllambët mes
kofshëve,
kafsho buzën e poshtëme
e merr frymë thellë.

kështu bëj unë
kur më djeg malli për ty.

nuk derdh lot,
veç këndoj në heshtje
kangë tradhëtish dashtunore.

-mos e kthe kryet mbas!
të gjithë amoralët e botës i ke para.
zgjidh një syresh! - bëje për vete, tradhëtoje
mbasi ta dashurosh me epsh.
të dyve na pëlqen tradhëtia.
apo jo!

ëndërr e ligë

dy sy të mëdhenj të zinj,
nji buzëqeshje,
pak flirt kurvërisht
e lehtë nji prekje.

nuk asht lumni
por ngadalë vdekje
qelizash kurvërore
të ngrira, lulebore.
truri asht i lodhur
zemra e pangopur.
refren i vjetër
qasje e njohur.

te vorret e moçme ka plot kunora,
kofshësh të bardha, buzësh të ftohta.
kurvat vdesin.
është romantike
të hysh i vetëm
ndër vorre të mbuluara me borë
duke vishkulluar lehtë himnin kurvëror,
me duar kryqëzuar mbas shpine
e nji tufë lulesh.
ik ëndërr e ligë! - me kurva, vorre e borë!

askush nuk i viziton varrezat
disa të kan harruar
disa "kanë turp".

thyeji pasqyrat e vorrit,
ndizi dritat
e dil!

ka zbardhë dit' e re...

pa ty

largohu! - pamendje imagjinare
shporru! - deri në pambarim; ik!
dil nga shpirti
më len vetëm.
oh, ndrrova mendje.
më puth,
harbou!
hije kurba - kurba,
joshje.
a mendon se ka fund?
oh jo!
nuk e din natyrën time.
nuk jam tjetër
veç imazh absurd që përthehem
në hije harqesh, netëve me hënë.
kot kërkon të më përkëdhelësh a ledhatosh.
trajtë imagjinare - dashnore unike
lëpij n'epsh lagështirën tënde
të njelmët jerm.
vetëm ti e unë
larg njëri - tjetrit,
brenda njëri - tjetrit.
krahë të së vetmes orbitë racionale.
vetmitar, shkoj jetën i pabindur
hapësirës - pa ty.

jeshil

si ajo vajza me flokët e verdhë
mbulue me shami -
ajo me syt' jeshil si uji i Bunës
e qeshjen qiellore.
ja! - si ajo m'u flladit n'për tru
n'nji andërr të guximshme,
plot shtrëngime duarsh
e puthje.

-sikur ta dedikoj një poezi! -a e pranon?
i fola andrrës...

-me kënaqësi

...dhe u zhba andrra,
u kthye në dëshirë
me sy jeshil -
sy të ndritun flakë

dhe puthjet peng në nji rr'fanë të kuqe
qershi.

intermexo (7)

*...një herë vizitova një shtëpi të zezë. ishte
krejt e zezë pra. nga jashtë e brenda. kishte
edhe pishinën me pllaka të zeza. nuk do kisha
guxim të notoja në një pishinë me ujë të zi. as
të flinja në çarçafë të zinj.
nuk e mbaj mend pse e vizitova shtëpinë e
zezë. isha gjysëm fjetur, gjysëm zgjuar. isha
nën efektin e marijuanës. kërkova diçka të
bardhë në shtëpi por s'gjeta. një grua e një
burrë, jetonin në të. aty ishte edhe
shërbëtorja e tyre. ajo më tregoi ndenjëset
prej pëlhure të zezë dhe më ftoi të ulesha. - dy
zgjedhje ke zotni; dardha dhe zerdelia. ose të
dyja. - silli të dyja, faleminderit!
mbas një gjysëm ore, erdhi me një shportë të
vogël plot fruta, dardha e zerdelia pra.
frutat ishin të lagëta e të ftohta. - urdhëro
zotni, merr çka të pëlqen! - e pashë që po lyp
diçka jo të zezë. vetëm thika në shportë
s'është e zezë.
-po të zotët e shtëpisë xhanëm!...*

gjijtë e pëllumbit

u rropat pëllumb' i plagosur mbi çati
dhe pushoi kryet mbi gjoks të një burri
që atëherë në mahallë ra qetësi...
burri kishte vdekur me kohë-
pëllumbi hesht'te frike n'e pa di'.
mbi çati ndukte m'flatrat e reja
hënen tek puthte pjergullave.
pëllumbesha fluturoi poshtë
mbi liqen.

- gjijtë me zambakë mbuluar.

qytetit tim

ndigjova se do shkosh në Shkodër, o
mike - të kam lakmi.

më ka tha malli për qytetin ku leva,
për rrugët e rrugicat me gropa
për pleqt me fytyrën nur
për fëmijët fjalë ndytë
për çdo qoshe e mur a gur,
për zhurmën,
rr'mujën me biçikleta,
për nji kafe turke
diku n'i qosh' mahalle
e t'bukurat barcoleta.
për karrocat me kalë,
tinëz kah policit i marrin anën.
për shiun me rrëmbim që bjen,
për at' shpinë e vjetër
me lulevila mbulue.
n'largësi tingujt e ngadaltë
të nji muzike të moçme qemane-
për ujin jeshil të Bunës
aromë sallahane'.

për atë xhaminë teme të vogël - oh!
n'daç edhe për at' kishën tande.
stadiumin, ku kaliboç i shifja lojnat
në shpind t'babës,
e për at bibliotekën në Parrucë
ku hyja në agim e dilja
nën dritën e hanës.
për teatrin; oh! - po shumë kam mall
qytetit tem e tand kunor' q'i rrin në ball.
n'kalofsh aty pari e dyert mshelë ja gjen
virr me za t'nalt si çmendore
nji kangë rrugaçësh
shpirtin tonë rrebel qi reflekton -
n'daç t'atij Mjedjes së ambël - e n'mos
t'Migjenit - s'asgja nuk ndrron.
veç merre me t'butë
se asht qytet delikat
gastare m'e rujt.

melodi...
me emnin Shkodër.

shi i marrë

po bie shi me rrëke'- si i lojtur mendsh,
lëshon plloça uji mbi xhamat e makinës sime
ma bllokon të pamit.

zhurma e metalit mbyt zërin e radios
bie me rrëmbim,
sikur bota do vdesë sonte para mesnate
shiu i marrë nuk më pëlqen
më shkakton ankth, panik
shiun e dua të bjerë ngadalë, pa ndalur
tër' ditën, një ditë, dy dit', tri...
si në Shkodër

-shiu i Shkodrës e lule manjola.

hana të bardha

ombrellat e plazhit u ulën
rrëgozat para restoranteve
ndenjëset një mbi një
'i harabel mbledh dromcat
një grua vetmuar
dikuj i ban me dorë...

nga larg vjen aroma e kripës
jehona e valëve plaset bregut
qielli plot me hana të bardha

-një grua e trishtuar diku larg

heshtje vorresh

në kopshtin e err't mbas shpie
shpërthyen gonxhet; natën
një grua i mbolli ato me ngut,
për mort.
netëve të errëta në kopsht
nji za gruaje u pëshpërit gonxheve
 fjalë dashunie, dhe ik'...

në zymtinë mbas shpie,
ndërzehen trandafilat e bardhë dhe yjet;
asnjë nuk afrohet...

në heshtje vorresh desin trandafilat,
dhe ngjallen prap - si lepuj

reincarnation!

ikja

largohet burri nga hoteli, natën,
me valixhen plot sende në dorë
e cigaren në buzë; -tymos i qetë.
zgjohet gruaja në dhomën e ftohtë,
zbrazëti në odë, në shpirt.
mbi karrike një letër me ngut shkruar:

-do kthehem prap. por do të të duket
një jetë e gjatë pritja. kur te kthehem
do t' jesh plakë e bukur,
bri një plaku të heshtur.

imazhi jot

e shof imazhin tand mbështjellë me krypë
në det
mbështjellë me gjeth' të verdhë
në vjesht'
mbulue me bor' dimnit idhnak e
gjej e gjej gjithkund
ka pak.
në lagsht t'mëngjesit me shi
në lotët e syve të tu
dhe bebeve të syve t'mi.

intermexo (8)

... në fund, ashtu të shtrirë poshtë shegave,
pam' njeni-tjetrin në sy dhe qeshëm. zumë e
kënduam; kënduam keq, por kënduam.
shihnim qiellin mbarsun resh', liqeni poshtë
malit - fushë uji - uj' sytë tanë. pushtuam njeni –
tjetrin. lang! kënduam keq, qeshëm me lot.
por kënduam. asht kangë më vete hera e
parë.
...binte shi i marrë; poshtë shegës së egër na
dy... jargë, frikë, ankth. ishte hera e parë...
qyteti tej, qe mësuar me bijtë e bijat e vet
malit, duke kënduar. ra nata. tek shkonim
rrugicave të ngushta me baltë, puthnim
buzëgazin tonë. qe' kanga jon' e parë. jehona
e saj-puthje t'nxehta. dritat e zbehta të
shtëpive ngjanin si kanarina të vdekuna.
-ku ishe? (kur të të pyesin) ...
-ku di! ... në mal për kang', për shega t'egra, me një
djalë.

vitet e rinisë

ishin vite të acarta
të nëntëdhjetat.
kalonim nga një urë në një tjetër.
nuk dinim rregullat e kalimit,
semaforët,
as gjuhët e huaja.
nuk njihnim botën,
s'e njihnim veten,
as njëri - tjetrin.
nuk kishim para,
as rroba veshë,
këpucë mbathë.
ishim të egër,
ishim t'uritur, të etur.
braktisnim majtas,
braktiseshim djathtas.
tradhëtonim para,
na vrisnin nga pas.
morëm detrat, thyem kufinj.
derdhëm gjakun.
na vranë.
vramë.

urash u hodhëm lumit,
vagonave të trenit.
mauneve nën shasi.
alo! jam kushuriri i Asimit,
djalit të tezes së Mentorit,
burrit të Nerminit.
a më pret? -veç për strehë,
jam azgan,
bëj punë çfarëdo.
do bëj hall, veç aman
më prit ca ditë,
për ditët e para.
të kam xhan.
të jam borxhli.
rrugëve të Barit, Palermos,
maleve të Gramozit,
shtigjeve të Selanikut,
skutave të Athinës
afendikoi, polici, prifti e prostituta,
 nata, dita, uria, krimi,
drogë.
sa paguan për një herë?
jam me Ruzhdiun, mikun tim nga Shijaku,
bëj zahmet e ule çmimin!
kemi një muaj pa prekur mish të butë.
mbrapa kishim shtëpitë e ftohta, të ngushta.
furnelat me vajgur në nevojtore,
brekët me arrna nderë
në tel të ballkonit.

nënat hallemëdha - gjellë me patate.
motrat e pamartuara,
vëllezërit pa bukë.
morëm arratinë.
firar u bëmë.
as andej as këndej
as të hanës, as të Tophanës,
jemi ne, të nëntëdhjetave,
të nëntëdhjetenëntave.
çfarë bëmë e çfarë nuk bëmë!
vumë kravata, duar ndër xhepa.
thyem supermarkata,
fjetëm me plaka.
prite kosovarin në fyt!
ka para shkërdhata.
dërguam para në Atdhe.
nëno!
ja ku ju nisëm marka, lireta, dhrahmi, dollarë,
e dinarë.
pajë për motrat- nderin tonë.
për vëllezërit e gratë e tyre
- gjakun tonë.
fëmijë që të lindin; të marrin rrugat e
dajallarëve
axhallarëve.
brezi tjetër i harbutërve tanë, flet anglisht.
xhinsa spic e atlete Jordan.
kujt t'ia ngulim thikën?
s'ka dhjamë o daj.

ikën ato kohëra kur futeshim në dyqan e
shitësit fërkonin duart
kur iknim me pak mall të vjedhur
pak mall për të blerë.
ikën ato kohëra a derman.
tani shtrëngojuni punës.
oh! ke master ti nipçe? fute n'bythë!
këtu anglezi e pastron vetë qenefin e
bllokuar,
ti dashke punë profesori.
si të duash.
këtu qafa këtu nafaka.
pirdhu! kam hallet e mia.

kamelia - nostalgji

parfumin që ma dhurove,
nuk e vura asnjëherë,
ma dhe shallin në dimër, kurr' s'e vesha,
gjoksin hapur e mbaj të thashë,
e qesha.
mos i lexo poezitë e mia për ty
në s'do,
s'më vjen keq- nostalgjia...
kamelien veç, mos ma refuzo!

-e pata mbjellë për ty.

kërminj doradorë

agsholi u ndez - leu dita
poshtë shtratit hithëra plot,
gjatë kishim fjetur - u zgjuam
të vdekur... butakë, pa kërce,
jargashë - kërmij maji, bahçeve.
nuk patëm nevojë për lulet,
jarguam tërë ditën
poshtë badrave, plot mall e jerm,
jerm kërmilli.
ra nata e u zgjuam prap, dhe rendëm
në bahçet e kojshive...
ua mbuluam barin me jargë e spermë.
kthyem shpinat e lagëta...
tash jemi kërminj të pavarur.

kur t'dal' hana

kan kalue kohë e na jem' ftof'
përballë njeni - tjetrit rrimë të huaj
një tavolinë e bardhë si liqen akulli
na ndan - heshtojm' e s'b'zajm'.
na s'b'zajmë veç sytë ngulë thellë
shpirti krejt turbull por mendja kthjellë:
-çka qe? si ndodh' q'u ndamë - tmerrë,
ma, çdo premtim a drit në sy, s'ka vlerë.
tash zemra tkurr' asht, e thërmue,
për ty nuk ru'n asgja, e hiç për mue.
kah sh'pija jote kur t'bi, tash marr kah ana
e ndoshta m'isharet ta l'shoj, kur t'dali hana.

kurvë

oh, sa të prita atë natë! -sa të deshta ti
vetëm heshte...
dhe më shkrove poezi.
i dhe fund gjithçkaje,
më thirre kurvë:
u largova.

- ah ta dija që i doje kurvat aq!

thirrma amorale

doli si kërmilli hijeve zvarrë
lëpiu barkun e vet
lëpiu gjoksin, gjitë
u barrësua si e marrë
e polli një kërmill të langët.
ja si ndërzehen kohët tona!
kohë kërmijsh; - bashtash,
hijesh,
lagështirash banale

kërminj llokmash kapërthyer;
thirrma amorale.

limani i moçëm

te limani i moçëm me gurë e anije ndryshku
do kthehem prap;
do shkoj të shoh detin egërsuar,
të rri sipër stolit, ku flinim bashkë.
ujrat e Egjeut si lot' i kripur
zemra të thyera dashnorësh ndarë;
mall e frikë!

te limani i vjetër me gurë e anije ndryshku
do shkoj prap;
të kundroj kujtime të hershme,
dhe të iki prap në heshtje.

liqenit tërthuer

liqenit tërthuer', me varkë, n'nji mbramje
dikah larg, nji kangë, e vjetër shkodrane
ashikut; -q'aq shumë për zemër i shkon
i ndrijn syt' prej ashkut; -vet' nis e këndon
bjen terri mandej, gjithçka pran'
veç zanit t'bylbylit
aromës së lilit, arom's së zymylit;
liqeni heshton!

nji zambak i bardhë,
nji zambak i verdhë... me hanë mbulue.

lule shiu

diell e kthjellinë ka javë
që s'ndan, m'dhembin sytë.
një gonxhe pret shiun për
të çelë; - shiun e tërbuar.
bjer o shi bjer rrëmbimthi!
gonxhja ime ti, lulja ime ti.

shiu e reja e zezë...

në kopshtin tim pa diell
mbijnë gonxhe gri - çelin lule shiu.

intermexo (9)

... u shtang përballë një skulpture të mesjetës
në sheshin Alighieri. një burrë i zhveshur, me
trup të bukur, me ballin lart. me atë sendin e
vogël. ua sa të vogël! - mendoi. ndoshta
skulptori ia ka bërë me qëllim ashtu. Ndoshta
ka menduar se një ditë të bukur kur të
zbulohet vepra, kur të rrëzohet çarçafi përdhe
e njerëzia të duartrokasin, çdo gjë tjetër do
harrohet veç atij sendit të vogël. vajzat do
qeshin, gratë, disa do ndjehen mirë me burrat
e tyre do tjera do kuptojnë që kot kanë
ëndërruar sende të mëdha. ndoshta
s'ekzistojnë. pse kaq të vogël ua bëjnë atë
sendin burrave përherë në skulptura? ne
grave na i bëjnë sisët të mëdha. thithkat
vetëm, i bëjnë sa gjysma e sendit të burrave.
në vendin tim nuk ka burra me bile jashtë. as
prej vërteti as prej mermeri, as prej bronxi. po
sikur të gdhendte veten ashtu cullak,
skulptori? a do e bënte atë bilbilin ashtu si
gisht të vogël kalamani? e kuj ia ndie për
muskujt e kofshëve e gjerësinë e shpatullave o
njeri?

*ik, ik mi budallaqe! - belbëzoi me vete, dhe
mori rrugën drejt lumit. mbi lumë ishte një urë
e vjetër (kështu e kishte emrin). atje e priste
burri. po sikur ta kuptojë që u harrova pas atij
burrit në mermer? do ndjehej mirë me veten,
mendoi, dhe duke buzëqeshur kur çoi
ndërmend shikimin e të shoqit, shpejtoi
hapat.*

nji hyll ra

një hyll u shkëput prej qielle
e ra thik në zemër të botës.

u dha tellalli, kataklizma po ngjet;
dhanë virrmën lodraxhitë,
njerëzia u shpërnda me shpejt
do për në parajsë, e do në tjetër vend.

u shkëput një hyll prej qielle
dhe ra mbi zemër tonë,
se ç'ndodhi! - fluturuem drejt hanës e
kthyem prap; -të pikëlluem.

shtrëngoma dorën grua! - jam biri i dheut;
në ty i dashtunuem.

lumni

në lumë u fut nji peshk i madh
e shkeli me kambë barcakët
e mbyti tan' dynjan' - u fry Buna.

nji shkamb i madh u shkëput malit
u rrokullis shpatit, u plas zallit
mu n'zemër, thik', iu ngul nji peshk zavallit.

u paqtue lumi e ra qetësia
dielli malit ia rras' faqen
u gëzu' e u lumnue njerëzia.

mesdheut

...në një port të vjetër në brigjet e
mesdheut. bie shi. anijet me vela të
grisura përkunden valëve të detit
e plasen molos me gurë të vjetër
bojë ndryshk. një burrë i zeshkët
vërdallet në pritje... rrethuar me të
panjohur, ndjehet i huaj. merr një
ouzo në banak të një bari bri molos
e andërron. një grua në qosh të
barit, duket e vetmuar po ashtu.
burri i zeshkët me gotën me ouzo
në dorë i afrohet. mirëmbrëma o
grua e vetmuar - i flet ai. - mirëmbrëma,
ia kthen gruaja e vetmuar. - a do të
kërcesh një valle me mua? jam i huaj
këtu... i vetmuar. ndjeva nevojë për
dikë si vetja, e të zgjodha ty. - mirë
bëre o burrë i vetmuar. - kërkoje një
valle! -dhe ta kërcejmë... edhe unë jam
e huaj këtyre brigjeve...

***

mëngjes heret...
-lamtumirë o burrë i zeshkët! po
largohem. ti puthje bukur, dehur.
kam puthur shumë burra të panjohur.

asnjë nuk puthte kaq njomë si ti.
puthjet e tua kishin mall... ashk.
mes puthjeve të tua ndjeva aromën
e një gruaje që të mungon. gjeje o
burrë i zeshkët atë gruan që të mungon!
ik! -shih porteve të tjera!... mbase në
Marmaris... të pret diku... ndoshta edhe
ajo puth dikë të panjohur sonte. puthjet
me të panjohurit janë të bukura,
të ëmbla, të zeshkëta...
- thuaji asaj po e gjete, se të kam thënë
unë ta kërkosh... nëse nuk e gjen, ka të
panjohura të tjera, si puna ime. Puthi si
mua mbrëmë, e shih diellin tek lind
buzëve të tyre. a të ka thënë kush
ndonjeherë sa thellë shkon puthja e
një të panjohuri? Jo!
-dëgjo pra! - një herë, kam takuar një
burrë në aeroportin e Lisboas. edhe ai
si ti, i dehur. kurrë më s'e pashë pas
asaj nate... me të kam një vajzë. a e
kupton tash sa bukur puth i panjohuri?
ik ik! - shih mos e gjen atë gruan që ta
kërkojnë buzët... gjith natën ia fole emrin
asaj në gjumë - ngjyrën e syve ia the.
-grua me fat e mjera!

pulbardhat

ndër porte t'vjetra t'Egjeut kthen
mendja, e hove ngulfojnë trunin,
kënaqësish t'kalueme, ndal vrullin
tret larg shikimin e buzën gaz ven.
nji anije e ndryshkun kadalë ul' velat
'i siluetë burri shihet avull n'largsi
dridh gishtat 'i gru' tek i prek telat nji
kitarre harruemun vite në qetësi.

vala rreh shkambin hidhen stërkalat
e largohet sysh mirazhi i grues perri'
mbi port' t'vjetër krokojn' pulbardhat.

mrinave...

bahçet lagshta; kërminj,
vera me të lehta,
netëve të errëta
e ditëve të nxehta
ti e unë.
nën hijen e kumbullave...
ne të dy,
zheginave,
breg lumit,
mrinave,
nata çarçaf-
amoralë?
jo!
të rinj;

pse të mos e krisnim botën?
bota s'asht veç e kërminjve
ti e unë jemi bota - breg Kiri
bota zhveshur, lakuriq

ç'na zu shiu!

misteri i një nate

ti, qè gota plot në bar,
qè shikimi im i par'
gruaja që emrin s'ma dhe,
dhe as ti mos ia jep kuj' - më the
ishe misteri i nji nate të vetme;
belbëzim në heshtje

-u çmend drita e hanës
kur ra në f'tyrën tande.

intermexo (10)

a na premton deri të shkrijë bora, o deri të ndalet era e
marrë? e mbërrijmë barin e ri, a ditët e ngrohta të
majit?
eh! ndoshta, as mëngjesin e nesërm nuk e
kapim. eja të pihemi e të këndojmë sonte gjithë
natën! at' kangën tonë të hershme ta
këndojm' edhe nji herë. at' kangën tonë të
marrë.

mjellmat e liqenit tem

bregut të liqenit algat luajnë me kambët e
mia
nji bërcak hidhet mbi mue
ngrihet hana, zgjat hijen teme tej e tej
liqenit m'lila e mjellma mbulue

përhumbem n'kujtime të ujta të liqenit tem
hana më përkund, ninulla duke fishkullue
zemra m'kallet zjerm

mjellmat marrin iken
largohen vrik, s'më njohin
hera e parë qi m'shohin
ndaj druhen e friken.

mos thuaj lamtumirë

lamtumirat janë të bukura
s'janë fund a ndarje,
fillime të reja janë,
rikthime, mirëseardhje;
intimitet,
lot, buzëqeshje,
puthje të harrueme...
lamtumiren edhe vëndet;
ujrat, rëra e plazhet.
gra e burra të panjohur...
lamtumirat janë lëvere-
pretendime iracionale,
emocione frike,
vdekje; janë lamtumirat
funerale

mos thuaj lamtumirë!
mësohu me vdekjen e përkohshme!
"vdekja" asht romantike...
joshje.

-eja pulbardha ime! - kohë lamtumire

valë zemre

m'nji natë të errët,
mbramje - qetë,
flut'roi pulbardha bregut
të detit trazue: valë zemre-
zemra vdekun

nji burrë ngadalë hedh hapa ndroje'.
as furtunë hapat e tij, as joshje
fryma u ndal brinjëve t'krypuna
t'nji gruaje;
bregdetit u thyen premtimet!
përqafimet mbe'n varë
në flatra t'nji pulbardhe

m'nji nat' vetmi,
plot puthje e shend
ky terr i zi,
kjo dëshirë peng

pa titull

o ti zog i zi mbi oxhak pse hesht?
a mos je ti shpirti i babës tim të vdekur,
që lajmon vdekjen time në heshtje!
-pse loton?

nëse po, zbrit q'andej e haj' të të puth!
-më ka marrë malli.

ja, po gatitem babë, po vij tek ti,
më len pak kohë, të vesh' qefinin!

dua me not, detit deri në fund t'i shkoj,
 të vdes si dua vet'
thellë përposhtë, një vorr vetes t'i gjej
me luledele mbuluar.

dimër i gjatë

netëve të vona, pasmesnate-
terr, lagështirë dhe ftohtë.
kërminjtë lëvrijnë jarguar mbulesave
të bardha të gruas së vejë
dy thitha cicash i çau ngrica;
i buloi bora

gruaja e vejë dhe kërmijtë
do jenë refren' i këtij dimri të gjatë.
edhe dhelpra nga majëkodra që vështron

një ditë me re

nuk e dua madhështinë fare
nuk i pëlqej patriarkët me nam
dhe atë zyrtarin e shtetit s'e honeps dot.
më tërheq malit një shkurre sheg' e egër
e një grua me të bardha n'fund t'kopshtit
pak vetmi në nji ditë me re,
një gotë çaj, g'shtenja t'pjek'na,
një nat' me shi

intermexo (11)

...ai mbylli derën e dhomës me çelës. fiku dritën e llampadarit të madh varur në mes të tavanit të lartë mbasi ndezi më parë abazhurin mbi komodinën pranë shtratit. nga ana tjetër e shtratit rrinte gjysëmshtrirë shkrimtarja franceze. "ja erdha vetëm për ty" foli ajo. nuk ishin takuar kurrë më parë.
" mund të të shoh ashtu siç je gjysëmbuluar, me ashk, tërë natën" foli burri me ton të ulët duke pothuajse zvarritur fjalët. "edhe unë mund të të dëgjoj gjithë natën duke folur me zërin e ngjirur e tonin e butë" foli shkrimtarja franceze. "do merremi vesh disi madam... ti s'di gjuhën time, unë s'di tënden". " po patjetër" foli buzëgaz ajo, duke e parë drejt më sy, dhe luajti vëndit. "më pëlqen parfumi juaj edhe buzëqeshja. këta s'shihen as ndjehen via internet". foli si me vete ai duke u shtrirë pranë zonjës. gruaja u shtri prap duke zenë flokët me kujdes mbi jastëk.
"buzëqeshja... po e di ma kanë thënë më parë. shuaje dritën të lutem! - dua të ta dëgjoj frymëmarrjen, dhe pëshpërimën e fjalët e pista që më ke premtuar"...

-do e pikturoj këtë natë; - foli burri duke tentuar të ngrihej nga shtrati atë mëngjes të vranët Londre.
-shtrihu, shtrihu! kemi bisedë për të mbaruar...

netët e vala të antalias

mbi ranën bri detit,
ujin e njelmt,
nën rrezet e diellit,
puhizën e buzëmbramjes,
në sytë e trishtë të një gruaje
vetmuar
sheh yllin e agimit,
netët e vala,
netët e nxehta të Antalias
mëngjese të marra, e ti grua larg:
pse më frikoni?

-i druhem andrrave!

prostitutë

këndonte kafeneve, bareve,
tavernave me pijanecë, kumarxhinj,
kurvarë e një dreq e di.
këndonte e kërcente, në prehër u ulej,
mjekrat ua prekte i luante ku s'duhej,
për pagesë.

askush s'i tha mos; - kur u nis me një torb'
mbas shpine
në mërgim,
një palë brekë të zeza në çantë me vete, e
reçipetat,
një fletore me shënime e adresat
fotografinë e nënës për kujtim.

asnjë s'i tha q'e ëma vari veten
kur i thanë,
që bareve e tavernave të pista, vajzën ia
panë.

qyteti fantazmë

nata e errët i shkund pemët
në kopshtin terr mbas shpije.
u tremben zogjt e shiut,
lepujt mëkojnë këlyshët

qumështi i gjirit - dritë e natës
të gjitha kurvat vrapuan, shiu
ua lagu fustanet, sisët e
tërbuara,
rrugët e qytetit u shkretuan!

larva bastardhe vërtiten kopshtit
netëve t'errëta, tambëlbardha.

romët e lashtë ndër çadra, aheng
djelem - djelem; dridhen vithet
dhe bota përflaket jerm.

qyteti i braktisur pret kurvat.

lulekëmborat

një mijë vite ndarje
shpirtat si rrënoja antike
varur mallit
shi i marrë vjen prej së largu.
një grua e një burrë me vrap
plasen valës së tërbueme të detit,
kreshta t'bardha mbuluar.
Një mijë vite që atëbotë kanë kaluar!
-futu! - zhytu nën ujë;
rrëshqahu bregut, vdis
dhe mbij prap! - si lulekëmbora.

fëmijët e rrugicave

rrugicave me pluhur u njoftëm
tek rendnim si fëmijë të prapë
dhe vidhnim shikimet e njëri - tjetrit;
ishim të brishtë.
na thonin fëmi', axhami...
por ne ishim të hershëm
sa ujrat përreth qytetit
e mali përball'
dhe ia vidhnim shikimet njëri - tjetrit.
shumë vite kanë rrjedhur - shum' mall.
rrugicës sonë tash s'ka më pluhur,
as fëmijë që vjedhin shikime,
të gjithë janë të rritur dhe nuk qeshin.

shënime nate

e pabesueshmja bëhet e besueshme
nëse ti beson në të.
si budallakia; që kthehet n'gjeni
kur ti e ke n'ekstrem dhe s'e di,

si konfuzioni i trunit qe kthehet n'art
kur ti e pëlqen çmendurinë tënde
dhe çmendurinë time.

shkruaje çrregullimin e trurit -
vikate!

te vorri i gjyshit

ngadalë, ngadalë mbi mokna t'zallit të kirit,
përmes mrinash e shkurresh tjera;
kamb nirit!
thatinë, zallishtë, gjarpnij der' të dal' vera.
askush, askush nuk shkon ma pranë vorrit
të gjyshit. - dy pika lot mbi rrasën flak' të
nxeht' i derdha
me zemër, me dhimbë në shpirt e jo prej zorit
me 'i tufë lule m'dor, e me ta këndu 'i sure te
vorri sot un' t'erdha.

-me shum' uzdaj' n'Allah
se ka me m'i pranue
deri t'kem frymë o gjyshi 'em i mir'
përnatë ka 'i Fatiha kam me ta k'ndue.

intermexo (12)

(extraterrestial dreaming)
ra nata. asnjeri nuk na do kaq vonë. haj' të
shkojmë diku larg të dy! diku në një qytet të
vogël pranë uji. t'i flasim gjërat e pathëna, të
shihemi sy më sy e të qeshim. të zhveshemi
kur të bie shiu i marrë, të lagemi e të ngasim
vrap bregut, mbi zall.
të lahemi si nimfat liqenit mbuluar me lila. lila
te bardhë - lila të verdhë.
shtrirë mbi zall të na gjejë dita, mbuluar me
lule uji...
shëtitësit e parë do na shohin si piktura mesjete
zgaqur.
stop unë - stop ti.

terr

kur bie nata,
nxihet gjithçka, bahet terr.
terri asht fjalë e trishtë,
ta merr frymën, ta than' gojën
të dridh gjujt, ta humb barazpeshën
ta përzie barkun, t'merr mendjen
barnat s'të bajn' derman!
ndjihesh i huaj.

terri të mbyt në gjumë.
asht i zi...

durrës 19

terrina kadal'- kadalë lëshon udhë,
një vizë e bardhë n' t'verdhame, ndan
tutje larg në horizont tokën me qiellin.

agim; - ngjyhet bota me dritë Perëndie,
një dit' e bardh' leu shpërgajsh t'errët.

gushkuqa e zogj të tjerë vocrrakë, harbohen
shelgjeve bri Drinit - degëve të thara lotësh,

lotëve të ngrirë të kufomave.

asht ftohtë në vendin tim - trishtim,
do njerëz hapin vorre, do qelben nën rrënoja
poshtë gurëve, fëmijët tanë...

-gërmadhë në shpirt, ti vendi im!

i huaj

u zhduk ashtu si hyri nga drita në natë
veshur me vello të zezë
avull nga goja - goja plot jarg'
jargë si të kërmillit
kërmillit nën rrasë;
nën rrasë n'breg t'liqenit
liqenit me borë -
borë nate.

i huaj në vendlindje!

kërmilli rrëshqet ngadalë
rrugëve të bardha me borë...
një burrë ka ngrirë n'breg t'ujit -
një gua e përqas.

vera arabe

shtegtoi vera arabe e vendit tim -
shkretëtirave të jugut.
ikën zogjtë e bardhë e zogjtë e zinj;
drejt meje shtegtojnë re gri,
të gjera si pelerina ushtarësh të huaj - gra të
përdhunuara -
fëmijë me thika në brinjë...

re të errëta ngjiten shkallëve të qiellit;
qiellit plot shira frike.
shpirti im fytprerë vdes vjeshtave e
mbin prap me barin.
harabel; -shkon mes reve fryma ime!

vjeshtë

vjeshta ishte fundi.
kur gjethet ranë, mbaruan ngjyrat.
njerëzit janë si pemët,
vjeshtave zhvishen - vjeshtave vdesin.
do vijë një ditë, dhe do thërrasim
zogjtë e malit të flasim - si dy të huaj.
maj' e shkëmbit është kërrusur,
mbi mal, mullenjat zi prore
vjen trishtimi e na pushton.
--dimër i gjatë.

vuk e shqype

na ishte një herë mote të shkuar
një ujk armik e një shqipe syshkruar

ujku kujiste me borën e tufanin
shqipja vërtik flutrim me murlanin

simbole por ishin të dy; kafshë e shpend
u vranë u therën me mend e pa mend

u urryen u fyen në mort e në shend
në mni të sho - shoqit ki'n le përnjimend

gjak; -u la vendi në shi e në diell
ujku prap malesh, shqiponja në qiell.

zani jot

zanin tand nuk e ndij ka kohë
gjetheve të vjeshtës ka humbë,
a ndoshta mos ka mbetë n'ajri
ngatërrue plepash, qiparisash
të vendit t'em me dhimbë e lot.
zanin tand e ndij veç netëve të
barrësueme n'zi, m'kujtime kot
dritaresh kanata krejt zbërthye
çerdheve të dallndyshave bosh
që ikun kanë, lotët lanë lisash.

vjeshtave përherë kështu ka qenë -
mërzi e mall
kohët e vjetra janë ripërtëri për keq a mirë,
ngjall'
dy - tri fjalë me ashk mbramë t'i kam shkrue
n'nji letër zhubul n'zarf; -kurr mos me e çue.
rrugave të Shkodrës do bredhi i vetmu'
n'se ty jo, kend tjetër nuk du me taku'.
zanin tand nuk e ndjej ka kohë e mot,
me mall strukem në vetmi atbot' e sot.

zogu im

në vjeshtë ik' një zog
që ka folenë te sh'pija 'eme,
në pranverë kthen prap,
me mall për folenë e vjetër,
lëshon voe dhe çelin zogjt e tjerë.
edhe zogjt e tjerë ikin kah vjeshta,
ikin të trishtuem, lanë folenë zbrazët...

eja o zog i pranveres, eja!

-edhe njerëzit i braktisin folet' e veta...
trishtim!

intermexo (13)

*rikthimi asht si karamel. lil i verdhë uji. ditë e
pritun, natë e pafjetun. fjalë e pathanë mall i
pashprehun. ditë me shi në Londër - espresso
në Shkodër. puthje e vjetër, pëshpëritje e
fjetun, dritë e fikun zjarm i ndezun. rikthim
nën hije shelgu në breg të Drinit, aromë
sherbel'. fund!*

refreni kurvëror

dy sy jeshilë
një buzëqeshje,
pak flirt kurvërisht
e leht' një prekje,

hape gjoksin, luaj vithet!

nuk asht lumni
por ngadalë vdekje
qelizash kurvërore
të ngrira, lulebore...

trupi është lodhur
epshi i pangopur...
refren i vjetër - refren i lodhur

te vorret e moçme ka plot shtatore
kofshësh të bardha
buzësh të ftohta
kurva n'mermer

burri i vetëm më këmbë
mes vorresh të mbuluara me borë
duke vishkulluar lehtë himnin kurvëror,
me duar kryqëzuar mbas shpine
e nji tufë lulesh.

-ik buzeqeshje e ngrime!
...ëndërr e ligë, me kurva e vorre.

puhizë

e ndjej zjarminë tek më djeg'
si saç; me prush më pjek'
puhinë e detit dua ta prek'

aty ku deti e rana piqen
ku mijëra para meje vdiqën
-eja puhizë e detit, eja -
jam biri i vetmis!

veriu

veriu â si murlani,
si zemër djali,
ngricë kallkani,
si faqe mali
me ngut si përrua
i gjanë sa fusha
i sertë si burr'
i bukur si grua.

-veriu i vendit tem;
manjol' e poezi!

në dorën time

kur drit' e hanës venitet e
yjet fshihen në agim
mbulon shtatin.
dita ia shfaq krejt mëkatet botës,
prekjet, puthjet, dhe epshet kafshërore
djersën, thirrjet...
të gjitha afshet e turpshme të natës.
terri s'ka marre

një grua, një burrë,
dhe diçka e çuditshme,
shkruaje!
t'ia japim natës frymët

-ti je kërmilli im
të marr në dorë, e luaj

luleborë në gji

... te kambët e malit shtrihet
nji liqen e 'i lum',
lum' vendi përbri,
lumja Shkodra
krahëhapun,
lulebor' në gji.

gruaja e shkrimtarit

"buzëmbrëmje, dy, ulur bri njëri - tjetrit,
burri lexon, gruaja dëgjon me vëmendje".
[një poezi ia lë asaj ta lexojë, është për të].

"gruaja e shkrimtarit"

o grua e brishtë mos druej,
hajde bashkë të luajmë
lojëra trishtimi; -t'flirtojmë me
lojërat që nuk luajtëm kurrë,
të panjohur më parë, eja!
vjen dimri e t'i fshin ëndrrat,
epshin, ngrysesh vetmitare...

haj' t'i bashkojmë brengat pra!
t'i mbysim me përkëdhelje,
t'i fshehim në nji arë misri
diku bri nji përroi malor.

-eja gruaja e shkrimtarit
t'i shkruajme andrrat bashkë!

gabim

nuk u takuam rastësisht. të
qenët të njëjtën kohë në të
njëjtin vend
nuk ëshë rastësi
është gabim.

tash, po eci i vetëm rrugëve të gjera
të planetit tim
planetit pa rregulla
pa viza të bardha
a semaforë,
pa dhoma të kuqe pa kurva,
merr frymë thellë
gabo prap!

liqeni i paqtë

heshtje gjithkah
pranvera po len' e vdekun

njerzia jan' ndrye
në shtëpi të vogla frike

liqeni ndrit' i paqt'

'i lil i bardh' - nji lil i verdhë
mjellma përbri

intermexo (14)

*kurrkuj s'i lypen mendimet e mia, fat, fat më
jep o Zot! - tha i vorfni, e fati tallet tek njeriu
mendon. mos mendo! kuj po i lypen
mendimet e tua? shkruaj një poezi malli! malli
vret gjithkënd. deri në kockë, mendimi s'vlen,
malli djeg deri në gjak. poezi malli shkruaj,
poezi gjaku.*

heshtje

në kopshtin me bar të tharë
pa hije pemësh -
me skelete drurësh
lëvrijnë hardhucat e do zvarranikë pa emër.

një puhizë e lagësht,
tund krandet e skajshme të drurëve
dhe krijon miliona imazhe.

imazhe lamtumirash të pathëna,
shpinash të kthyera në heshtje,
kalimesh në çmendi
-dashurish t'paqena.

në kopshtin e tharë mbas shpie
s'ka jetë,

-heshtje; -vetëm heshtje ka.

bri bune

më pëlqejnë aeroportet, rrugat,
portet,
më shumë urat më pëlqejnë.
ka edhe sende tjera që i dua,
si fjala vjen liqeni i Shkodrës
e nji cigare duhan
ulur 'breg tij.

tek nji kafene bri Bunës, më
pëlqen kur më thotë kamarieri:
-të njoh ty, të mbaj mend,
ti e pi kafen turke me pak -
e buzëqesh.

fole dashuninë

pse e flet në heshtje dashtuninë?

thuaje me za!

-që Buna e Drini ta ndigjojnë,
ta rrjedhin në det
e deti ta mbërthejë në gji.

fole dashuninë!

-mos i ki dert lumenjtë
ata e rrjedhin ngadalë në det
që deti me i përpi.

extragalactic

diku në mes të oqeanit
mbi ujin e krypun
përsipër me pulbardha
e poshtë thellësi të kaltra
asht qendra e universit

na vërtitena si ciklon përreth
dall'ndysha të frigueme
vizitor' nga një galaksi pa ujna

ftohtë

ftohtë
erë e ngricë
shi shum shi
qiell gri
diku larg në një port
mbështillen velat e grisura
të anijeve nga udhëtimi i fundit
udhëtarët e lodhur nga lundrimi
në heshtje hedhin çantat mbi supe
tërë mundim dhe kthejnë shpinën
i druhen detit të trazuar
ecin ngadalë drejt tokës
me kryet poshtë
nga larg ndigjohen çapat
tek ndjekin ritmin e zbehtë
të një kënge të vjetër uji
që u këndohet
lundërtarëve vetmitarë

deti i ftohtë i mori në gji

intermexo (15)

*i kujtoj të tana bisedat tona, buzëqeshjet, dorën
mbi dorë, prekjet...sa herë shkoj në Bar, marr
frymë thellë... ndigjoj zhurmë, më mbahet fryma.
jetoj në tokë dhe në qiell. a jetohet në tokë dhe
në qiell bashkë! dy jetë paralele a jetohen? a
njena mban kujtimet, e tjetra ka vdekë? - do
shpirta s'harrohen, shkojn' n'qiell; e naltohen.*

qytet vorresh

ç'është kjo natë e gjatë, e ftohtë?
si qytet prej mijëra varresh shtrihet
në këmbët e mëngjesit manec.
gjelat nuk këndojnë, dita nuk zbardh.

veç dy - tre zogj mbërthyer gemave qershisë
kundrojnë të heshtur vetminë; e terrin e
athët.

njëmijë vjet prej sot nuk do ketë më qershi,
as zogj as mëngjese.
akull vetëm, e natë.

dhelpra dhe gruaja

I

në trurin tim ka mot' jeton një dhelpër,
edhe emrin ia kam ngjitur: (sekret).
aty ka shtratin, (bën dashuri); dhe një
tryezë druri ku shkruan... dhe nuk flet.
në trurin tim ka dy dhelpra: njëra sekret,
tjetra ka sy të gurtë dhe fytyrë peshku-
të tre jetojmë në botën tonë - duhemi
dhe vizitojmë njëri - tjetrin në përvjetorë
vdekjesh. -Të tre rivdesin e ringjallemi,
unë në formë abstrakte - edhe ato ashtu.
dhelpra e parë ka sy prej dheu - ajo rri
përherë maj' kodrave. Përdëllehemi!
tjetra shtrirë bri përroit me borë...
një grua e trishtuar bri përroit me borë
ka frikë, - frikë nga sekretet e mia.
gruaja e trishtë është dhelpra me sy dheu,
unë jam me sy dhe zemër guri - dhelprat
i gdhendin kokërdhokët dhe qerpikët e mi
netëve të kristalta - frikëra të krisura.
sytë e mi nuk flasin - janë sy dhelprash.
dhelprat e mia nuk flasin - janë heshtja ime.
-sytë tanë prej uji të padukshëm vikasin;
udhëtojnë drejt natës gdhendur krojeve.

II

gruaja nden teshat e brendshme në tel,
dy ofshama; nata bjen - dy gjama.
përqafjet e thukëta janë harrue,
pemët zan' e losin - fluturon 'i harabel.

rrugët ni'n e harkohen - t'ushton kryet prore
dhelpra nga der' e ahrit del,
me një këlysh për dore.

mos mendo, mos mendo! - pëshpërit...
mosh shih për ku i del territ ama!
futu n' sh'pi, jashtë â ftof't, mos mërdhit!
nji bajë të nxeht' e mbshtillu ndër pizhama.

-romancë âsht nji copë letër kadife
n'ta mb'shtjell' lila, tulipana.

III

dimni e ka ngri botën,
posht' kodre nji prrue
ngri, -akull mbulue.

dhelpna me këlyshin prej maj' kodre
kqyrin gruen e vetmueme
tek then akullin
e kërcen valle murlani.

gruaja e vetmueme e dhelpna...

IV

me hovin e t'ram't n'dashni...
me vetminë përqafë - ftohtë akull;
bri përroit me borë mbulu'
gjithkah ra heshtja,
-nata e zezë mbuloi tokën
e qiellin, me vetëtima
...një dhelpër nga maj' kodre
vështron e pikëlluar gruan

-gruan me molla në gji.
natë gjijsh' me molla
një grua ecën me frikën krah,

gruaja hapat shpejt;
dhelpra buzëgaz.

V

hëna duket - fshehet, qiellit terr
ti pret, pret e vetmuar, tmerr
hëna e mjegulla, frika e hëna
përroit përpjetë me mundim
një dhelpër të flet, të josh
dita zbardh, hëna flen

nata e mjegulla vdesin
mokrave bri të përroit,

gruaja e dhelpra:
meditim

VI

bie borë - bie borë, një zog në prag
të dritares fluturon e ikën diku larg
qiella gri, bora tokën mbulon
sikur po soset koha, përroi zë nxiton

terr; gjithçka gatitet të vdesë
një grua vetëm e dhelpra e saj!

-vetëm dhelpra pra, e gruaja do jesë.

VII

papritur u vrënjt, u zu dielli,
erëra të marra veriu frynë.
u err, ra nata,
natë pa yje, natë pa shpirt
në trurin e ujtë lule morti!
qielli i tmerruar mblodhi bohçen e frikës
fluturoi si zog i ndrojtur, dhe ra në det
deti qe' pa jetë, det i ngrirë
njëmijë vjet ndarje; - qielli e deti!
dhelpra e kuqe bri uji, lëpin buzët,
dhelpra ikën tutje, lehonë...

VIII

ku shkon, ku shkon o grua e çuditshme?
vetmisë përmes që i bie,
e honeve të vdekjes q'u lëpihe...
u cfilite; me lot rrugën duke çarë
-aq e do vdekjen!
re shakull, buz' përroit, mbi borë,
tek rend malit përpjetë.
suferina të plasi bri llagamit,
buzët e çara,
fryma e ndalur,
terr ndër sytë e zi
një dhelpër të lëpin buzët, të frymon,
të mëkon gji.
-qumësht nga gjiri i dhelprës thithe;

-i dhelprës kockë e lëkurë.

IX

natën pa hënë një dhelpër
e një grua brinjë më brinjë, buzë
përroit të përgjumur të fshatit,
dy fije drite përmes drurësh
bien, e u ndrisin fytyrat prej poleni,
dy fije drite blu lazdrohen në shtrat
ku shtriqen gruaja e dhelpra,
përroi plak ndan lajmin në katund
përmes gjymave gratë që i mbushin m'she'.
ulërimat e dhelprave të vogla
struken gjijve të ngrohtë të gruas,
përroi pëshpërit pupëza nate.
dhelpra u zgjua herët në mëngjes;
gruaja gjoksin zbuluar.

X

frikë, ankth, tuta e mbuloi-
ngau si e marrë rreth kopshtit
koha me hy n'shpi, belbzoi-
nji dush; dhe tjerat vijnë prapa
-bota?
-le të zërë fill nga e para!
gjithçka e lava me ujë - vala,
tashti jam lakuriq; mbi çaraçafa,
të ftohtë - unë fillikat;
dhe hëna.
nji dhelpër ulëret prej larg:
-eja - eja dhelpër e vjetër,
kafshoje hënën më parë!
të flemë
të dyja përjetë në çaraçafa të bardhë.
nji dhelpër ulëret prej larg:
nji grua pret në shtrat
me hanën përqafuar.

XI

në oden e errët me dërrasa shtruar
dritare mshelë - perde të trasha
s'ka dritë, s'ka jetë - rënkim
pa gaz, pa fjalë, ftohtë, trishtim
avujt e alkolit, tymi i duhanit
aroma e substancave ...
bri derës me dy shula, rri dhelpra
dhelpra e kuqe - kockë e lëkurë
luaj, ngrehu! - haj' t'ia nisim prap
pëshpëriti dhelpra, dhe hyri në shtrat
-gruaja e dhelpra - trishtim

XII

ra nata, gjithçka heshti, terr
n'prag të dritares mbështetë,
nji grua. kush jam? flet lehtë
jam bija e malit, gruaja e djallit
kam le' nga shkambi... vetmitare jam,
vetëm një dhelpën, - asgjë tjetër s'kam.
larg, buzë përroit ballë dritares
dhelpna lëpihet, i jipet hanës.
gruaja e trishtë këndon kangë
malli; -net' vaji...
terri ia prekë lëkurën e shtatit
dhelpra ia mbyll sytë,
dhe e puth në gji.
-dhelpna e krisun dhe hana përballë

XIII

më të hyrë të atij dimër ra shumë borë,
tri pëllëmbë borë e mbuluan dheun,
ti ecje ngadalë bri përroit, loti ngrinte,
ishte acar
m'at' fillim dimri.
burri nuk ktheu as atë vit;
vetmi!
shkoje bri përroit ngadalë, ti
e një dhelpër;
dhelpra kockë e lëkurë.
dhelpra fliste pa ndalë;
ti e pikëlluar.

-gruaja dhe dhelpra - çarçafë të bardh'

XIV

më vrasin më vrasin fjalët e liga
më vrasin kur më thonë e marrë,
prej njerëzve të marrë vet' me vrik ika
mendimet pa m'i lexue - pa m'i parë,
do i vras unë ata, do i grimcoj thërrime
nëse s'mundem unë vetë - dhelpra ime.

një grua e brishtë bri përroit të ngrirë
një dhelpër maj' kodrës q'e pret e shtrirë.

-do ju vrasë dhelpra ime do ju vrasë!
dhe do lëpihet...

XV

në kopshtin tim mbas shtëpisë,
bregdetit, e maleve në dimër
gjithandej poshtë mokrave të thata
përtej yjeve, hënave të bardha. për
sytë e tu si Buna, oh!
e gërshetat prej dielli
ku je fshehur që s'të gjej dot? që
fëmijë të kërkoj, e s'të shoh, a
mos je bërë re?
a dhelpër mos je!

përmbajtja e lëndës

intermexo (8)	81
vitet e rinisë	82
kamelia – nostalgji	86
kërmink doradorë	87
kur t'dal' hana	88
kurvë	89
thirrma amorale	90
limani i moçëm	91
liqenit tërthuer	92
lule shiu	93
intermexo (9)	94
nji hyll ra	96
lumni	97
mesdhuet	98
pulbardhat	100
mrinave...	101
misteri I një nate	102
intermexo (10)	103
mjellmat e liqenit t'em	104
mos thuaj lamtumirë	105
valë zemre	106
pa titull	107
dimër i gjatë	108
një ditë me re	109
intermexo (11)	110
netët e vala të Antalias	112
prostitutë	113
qyteti fantazëm	114
lulekëmborat	115
fëmijët e rrugicave	116